BEI GRIN MACHT SICH IHR WISSEN BEZAHLT

- Wir veröffentlichen Ihre Hausarbeit, Bachelor- und Masterarbeit

- Ihr eigenes eBook und Buch - weltweit in allen wichtigen Shops

- Verdienen Sie an jedem Verkauf

Jetzt bei www.GRIN.com hochladen und kostenlos publizieren

Bibliografische Information der Deutschen Nationalbibliothek:

Die Deutsche Bibliothek verzeichnet diese Publikation in der Deutschen National-
bibliografie; detaillierte bibliografische Daten sind im Internet über http://dnb.d-
nb.de/ abrufbar.

Impressum:

Copyright © 2015 GRIN Verlag, Open Publishing GmbH
Druck und Bindung: Books on Demand GmbH, Norderstedt Germany
ISBN: 9783668528338

Dieses Buch bei GRIN:

http://www.grin.com/de/e-book/375327/entwurf-und-anfertigung-eines-kleidungs-
stuecks-im-stile-von-coco-chanel

Birte Schleicher

Entwurf und Anfertigung eines Kleidungsstücks im Stile von Coco Chanel und bayrischer Trachtenmode

Coco Chanel goes Trachten

GRIN Verlag

GRIN - Your knowledge has value

Der GRIN Verlag publiziert seit 1998 wissenschaftliche Arbeiten von Studenten, Hochschullehrern und anderen Akademikern als eBook und gedrucktes Buch. Die Verlagswebsite www.grin.com ist die ideale Plattform zur Veröffentlichung von Hausarbeiten, Abschlussarbeiten, wissenschaftlichen Aufsätzen, Dissertationen und Fachbüchern.

Besuchen Sie uns im Internet:

http://www.grin.com/

http://www.facebook.com/grincom

http://www.twitter.com/grin_com

Facharbeit

im Seminarfach (Design)

<u>Coco Chanel goes Trachten</u>

Verfasserin: Birte Schleicher

Abgabetermin: 18.03.2015

Inhaltsverzeichnis

1 Einleitung

Ziel meiner Arbeit sind der Entwurf und das Anfertigen eines Kleidungsstücks, welches eine Kombination aus den Stilmerkmalen von bayerischen Trachten und denen der Mode Coco Chanels wiederspiegelt. Dazu werde ich mich zuerst mit diesen befassen und klären, was beide ausmachen. Anschließend werde ich mit dem Zeichnen von Entwürfen beginnen und meine Ideen begründen. Im Anschluss daran werde ich mich für eine Variante entscheiden, sie ausarbeiten und schließlich schneidern. Den Arbeitsprozess werde ich zudem festhalten sowie entstandene Probleme erläutern. In einem abschließenden Fazit werde ich das Gelingen meiner Kombination kritisch beurteilen.

2 Stilmerkmale

2.1 Stilmerkmale Coco Chanels

Coco Chanel, Modeikone des 20. Jahrhunderts, prägte nicht nur die Modewelt in ihrer Lebenslaufbahn, sondern auch die gesamte darauffolgende. Besondere Stilmerkmale zeichnen sie aus, die in ihren Kollektionen immer wieder zu erkennen sind.

[1]Chanel, eine emanzipierte Designerin, vermied die Verwendung von Korsetts oder jeglichen anderen Mittel, die Weiblichkeit ausdrückten. Kastenschnitte und hoch geschnittene Dekolletés waren typisch für sie. Chanel entwarf somit erstmals Mode, die vorteilhaft für den Alltag war, was sofort auf Begeisterung auf Seiten der Frauen stieß.

[2]Darüber hinaus wurden nur fünf Farben genutzt: Rot, welches Chanel als „die Farbe des Lebens, die Farbe des Blutes" beschrieb. Es stand für gute Laune und auch roter Lippenstift wurde zu einem ihrer Markenzeichen. Weiß, das den Teint erhellt und der Frau schmeicheln soll. Die Farbe Beige, die als „warm, einfach und natürlich" galt. Schwarz, welches das Gesicht der Frau betont und durch Chanel zur Farbe der Eleganz wurde. Zugleich erinnerte sie sie aber auch an die Kleider der Nonnen aus dem Waisenhaus in ihrer Kindheit. [3]Bekannt und berühmt wurde das „kleine Schwarze" durch Coco Chanel, ein schwarzes, ohne jegliche Verzierungen, bis zu den Waden reichendes Kleid. Und zuletzt die Farbe Gold, die vielfach in

[1] Verfasser ohne Angaben: Modebiografie- Coco Chanel, http://www.modeopfer110.de/mode-know-how/designerbiografien-modelegenden/biografie-coco-chanel.html

[2] Verfasser ohne Angaben: Die Farben von Chanel, http://inside.chanel.com/de/colors-of-chanel/video

[3] Verfasser ohne Angaben: Typisch Chanel, http://www.elle.de/fashion-erkennen-sie-den-stilcode-von-typisch-chanel-94779.html

Schmuckdetails, wie Knöpfen oder auffälligen Ketten, eingesetzt wurde. Dazu ließ sie sich, laut einem Artikel der Zeitschrift *Elle*, von einem Venedigbesuch inspirieren. Auch die häufige Verwendung von Perlen kam so zustande.

Des Weiteren bindet die Designerin oftmals ihre Lieblingsblume in ihre Kreationen ein. Als Brosche, Haarschmuck, Stoffmuster oder Schmuckstück ist die Kamelie noch bis heute in fast jeder Kollektion aufzufinden.

[4]Zu ihren bedeutendsten modischen Schöpfungen gehört das „Chanel-Kostüm" (Abb. 1). Dieses besteht aus einem Jackett und einem knielangem Rock. Die Jacke sitzt an den Schultern wie ein Cardigan und hat zudem einen kastenförmigen Schnitt. Die Ärmel sind auf etwa drei Viertel gekürzt. Außerdem ist sie mit zwei bis vier Taschen besetzt. An ihrem Saum befindet sich eine eingesetzte Kette, die durch ihr Gewicht für die gewollte Form sorgt. Ebenso typisch ist ein kontrastierendes Band, das den Rand der Jacke und der Taschen einfasst.

[5]Zu den meist genutzten Stoffen Chanels gehören unter anderem Bouclé, Tweed, Jersey, Chiffon oder Crêpe.

2.2 Stilmerkmale der bayerischen Trachten

[6]Die bayerische Tracht der Frauen wird Dirndl genannt. Dieses ist ein etwa knielanges Kleid, welches sich aus einem weitgeschnittenen Rock und einem engen Oberteil, genannt Mieder (Abb. 2), zusammensetzt. [7]Es besteht meist aus Seide, Baumwollstoff oder Leinen. Dazu wird eine Schürze in kontrastierenden Farbtönen zum Kleid um die Hüfte gebunden. Unter dem eckigen oder rund weit ausgeschnittenen Dirndl wird eine weiße Bluse getragen, die mit Puffärmeln ausgestattet ist und gegebenenfalls ein Unterrock aus Baumwolle, in Anzahl nach Region variierend. [8]Das Dekolleté steht immer im Vordergrund. Um dieses zu betonen, wird gelegentlich mit an Korsagen erinnernden Bändern am Mieder gearbeitet, welches aber auch ohne diese eng am Körper anliegt. [9]Das Dirndl soll die natürliche Schönheit der Trägerin unterstreichen, was auch durch ein möglichst dezentes Make-up geschieht. Als Ergänzung werden traditionell Flechtfrisuren, sowie Socken und spezielle Trachtenschuhe getragen. Auch kleidet man sich mit Kropfbändern, einem Stoffband, meist aus Samt, welches eng am

---

[4] Bronwyn Cosgrave: Vogue on Coco Chanel, S. 132
[5] Angabe (4), S. 8, 132, 134, 79, 83
[6] Heide Hollmer, Kathrin Hollmer: Dirndl, S. 67
[7] Verfasser ohne Angaben: Rund ums Dirndl, http://www.trachtenhit.com/rund-ums-dirndl/
[8] Verfasser ohne Angaben: 10 Dinge, die man über das Dirndl wissen sollte, http://oktoberfest.blog.de/2011/09/03/10-dinge-dirndl-wissen-11773478/
[9] Angabe (6), S. 88, 111, 112, 114

Hals anliegt. Verziert ist es mit Anhängern oder anderen Schmuckstücken, häufig aus Zinn oder Silber. [10]Enzian und Edelweiß sind als Motive beliebt, ob als Brosche, Anhänger oder Stoffmuster. [11]Heutzutage kann man die verschiedensten Schuhe und Accessoires, sowie Frisuren zum Dirndl kombinieren und gestaltet sich so seine individuelle Tracht (Abb. 3).

[12]Ebenso wie das Dirndl gibt es Trachtenjacken. Diese sind tailliert geschnitten und besitzen gegebenenfalls am Rückenteil einen Riegel. Typisch für sie sind auch ein Reverskragen und Knöpfe aus Hirschhorn oder Metall. Mit farbigen Einfassungen, kontrastfarbenem Innenfutter und Stickereien wird auch sehr häufig gearbeitet (Abb. 4 und 5).

[13]Die Trachten der Männer bestehen aus einer Lederhose, dessen Länge nach Belieben des Trägers ist, mit oder ohne Hosenträger, und einem Trachtenhemd. Über diesem trägt man eine Weste und eine Jacke, letztere wird Joppe genannt. [14]Beide sind oft mit Stickereien oder farbigen Einfassungen verziert. Die Joppe hat einen Stehkragen und ist mit Hirschhornknöpfen besetzt. [15]Die Männer sind mit Zopfmusterstrümpfen und Haferlschuhen gekleidet: Halbschuhe, deren Bund nach außen gerichtet ist und die eine dicke Sohle besitzen. Zudem wird ein Hut getragen, der meist mit einer Feder oder einem Gamsbart geschmückt ist.

[16]Die Trachten der Männer und Frauen unterscheiden sich in den Regionen Bayerns allerdings in den Farben und Verzierungen.

3 Ideenfindungsprozess

3.1 Skizze 1

Meine erste Skizze zeigt eine Kombination in Form eines Kleides. Der Schnitt orientiert sich an den Stilmerkmalen der Trachten: Ein Kleid, eine Schürze und ein enges Mieder mit korsagenartigen Bändern. Der geplante Stoff des Dirndls wäre ein herkömmlicher Baumwollstoff. Die Bluse hat klassische Puffärmel, jedoch ist sie bis zum Hals geschlossen, gemäß den Stilmerkmalen Chanels. Die Farben entsprechen eben falls denen von Chanel. Lediglich Schwarz und Weiß werden verwendet und einige goldfarbene Elemente werden ergänzt (Band der Schürze, Miederbänder sowie Knöpfe der Bluse). Bei dieser Skizze habe

---

[10] Verfasser keine Angaben: Trachtenschmuck, http://www.trachten-mode.net/trachtenschmuck/index.html
[11] Angabe (6) S. 9, 22
[12]
[13] Verfasser ohne Angaben: Definition- Was ist eine bayrische Tracht?,
http://www.schlagerportal.com/herzerlwelt/definition-was-ist-eine-bayrische-tracht-211014
[14] Bayrisch Land, bayrisch Gwand, S. 112
[15] Angabe (13)
[16] Angabe (13)

ich mich zudem auf das „kleine Schwarze" der Designerin bezogen, weshalb ich zum einen die Farbe Schwarz und zum anderen den wadenlangen Schnitt ausgewählt habe.

3.2 Skizze 2

Die zweite Skizze ist ebenfalls ein Kleid. Dieses besteht aus einem grau-beigen Tweedstoff nach Chanel. Und auch der Schnitt erinnert an Chanel, da es sich um ein etwa knielanges, schlichtes und gerade geschnittenes Kleid handelt. Das Kleidungsstück ist am Brustbereich ebenfalls mit goldenen Knöpfen verziert. Um die Hüfte wird traditionell nach den Stilmerkmalen der Trachten eine Schürze gebunden, die in diesem Fall weiß ist. Das Dekolleté ist weit ausgeschnitten, die weiße Unterbluse ist nur dort zu sehen und nicht an den Ärmeln.

3.3 Skizze 3

Die dritte Skizze stellt eine Jacke dar, welche dem kastenförmigen und kurzen Schnitt des bekannten Chanel-Kostüms entspricht. Auch die Farben, Schwarz und Rot, entsprechen ihrem Stil. Die Jacke besteht aus schwarzem Wildleder, einem Material, das häufig bei Trachtenjacken Verwendung findet, sowie einem auffälligen Reverskragen. Am Halsausschnitt als auch entlang der Vorderseite der Jacke verlaufen rote Einfassungen, die erneut den Chanel-Stil aufgreifen. Zudem befinden sich Hirschhornknöpfe an der Jacke. Die Ärmel sind handgelenklang.

3.4 Skizze 4

Auch die letzte Skizze zeigt eine Jacke, deren Schnitt am Chanel-Kostüm orientiert ist. Ihre Ärmel sind dementsprechend etwas kürzer geschnitten und sie ist mit zwei Taschen mit rotem Innenfutter verziert (siehe Trachten, Kapitel 2.2). Ebenso der typische Stoff, hier ein heller Tweed, findet in diesem Entwurf Verwendung. Die vertretenen Stilmerkmale der bayerischen Trachten sind in Hirschhornknöpfen zu finden und auch die Vorderseite der Jacke bis rund um den Halsausschnitt ist mit einem goldenen Band verziert, welches bestickt ist. Die Farben der Jacke, lediglich Gold und Beige, richten sich nach Chanel aus.

4 Finaler Entwurf

4.1 Auswahl

Aufgrund des beschränkten Zeitraums für die Anfertigung des Kleidungsstücks und die sehr anspruchsvolle und aufwändige Nähleistung, die meinen persönlichen Erfahrungen entgegensteht, habe ich mich dazu entschlossen, eine Jacke zu schneidern. Folglich hatte ich zwischen Skizze 3 und 4 auszuwählen und habe mich für Skizze 4 entschieden. Grund dafür ist, dass meiner Meinung nach in dieser Idee mehr Stilmerkmale miteinander kombiniert werden. Abgesehen von den Farben und zum Teil dem Schnitt der Jacke der dritten Skizze orientiert sich die Wildlederjacke überwiegend an den Stilmerkmalen der Trachten. Dies steht im Gegensatz zu meiner favorisierten Ideenskizze, bei der die Besonderheiten ungefähr ausgewogen sind: Schnitt, Stoff und Farbe nach Chanel, Details, wie die Knöpfe oder das bestickte Band, gemäß den Trachten.

4.2 Überarbeitung

Nachdem ich mich für meine Idee entschieden hatte, habe ich sie überarbeitet. Dabei habe ich mich für eine rote Einfassung an den Taschen und an der Vorderseite der Jacke entschieden. Die Form der Einfassung erinnert an das Chanel-Kostüm, die Farbe und das Material an bayerische Trachten. Um der Jacke noch ein bisschen mehr den Trachtenstil zu verleihen, habe ich den Besatz bewusst kontrastfarbig gewählt. Das Chanel-Kostüm dagegen ist häufig lediglich in den Farben Schwarz und Weiß gehalten. Als weiteres Trachtenelement habe ich einen Riegel auf dem unteren Bereich des Rückenteils angebracht. Desweiteren wurden die Ärmel mit Hirschhornknöpfen besetzt, um dieses Detail von der Blende wieder aufzunehmen. Das Besondere an den Hirschhornknöpfen ist, dass sich in ihrer Mitte eine Edelweißblüte befindet und so das Thema der Trachten noch einmal mit aufgenommen wird.

5 Arbeitsprozess

Im Anschluss an die Stoffbeschaffung, bei der ich einen Tweed- und einen Seide ähnlichen Stoff einkaufte[17], sowie das rote und goldene Band und die Knöpfe, habe ich im ersten Schritt die Schnittmuster zugeschnitten und anschließend auch den Stoff[18]. Die Schnittteile bestanden nun aus vier Teilen: zwei Vorder- und zwei Rückteile. Zuerst habe ich die zwei Rückteile zusammengenäht und dann jeweils ein Vorderteil daran angebracht.[19] Daraufhin

---

[17] siehe Abb. 6
[18] siehe Abb. 7 und 8
[19] siehe Abb. 9

habe ich begonnen, den Futterstoff zurechtzuschneiden und ebenfalls die einzelnen Zuschnitte aneinander zu nähen[20]. An den zugegebenen Saum des äußeren Stoffes habe ich anschließend das Futter befestigt. Danach habe ich per Hand das rote und das goldene Band an die Jacke angenäht. Zuletzt habe ich die Knöpfe angebracht[21]. Die Dauer des Arbeitsprozesses belief sich auf circa vier Wochen.

6 Probleme

Für mich persönlich hat die Facharbeit an verschiedenen Stellen eine Herausforderung dargestellt. Zunächst erwies es sich bereits in der Entwurfsphase als sehr schwierig, die sehr konträren Stilrichtungen zu verknüpfen. Insbesondere der erste Versuch, ein Dirndl im Stile Chanels zu entwerfen war nahezu unmöglich, da der Trachtenstil, besonders die Form des Dirndls, sehr dominant ist. Gleichzeitig stellte sich die Erkenntnis ein, dass mein autodidaktisches Nähvermögen an seine Grenzen stoßen würde.

Eine nächste Herausforderung bot die Sichtung verfügbarer und preislich akzeptabler Stoffe und Materialien.

Das Schnittmuster, das ich mir zur Hilfe nahm, enthielt nur eine Anleitung in englischer und französischer Sprache, was zu einem unvorhergesehenen und erhöhten Zeitbedarf führte. Darüber hinaus musste ich das Schnittmuster an meine Vorstellungen anpassen, da mein Entwurf individueller war als die Vorlage. Außerdem hatte ich für das Futter keinerlei Muster zur Verfügung.

Nach der Fertigstellung der Jacke hatten die Ärmel eine leicht unterschiedliche Länge, weshalb ich einen kürzen musste. Zusammenfassend ist festzustellen, dass einige Probleme auftraten, die den zeitlichen Aufwand erheblich erhöhten.

7 Fazit

Abschließend kann ich sagen, dass mir es meiner Meinung nach gelungen ist, eine sehr treffende Kombination aus den Stilmerkmalen der bayerischen Trachten und der Mode Coco Chanels zu schaffen. Dies gilt insbesondere dann, wenn man die oben genannten Widrigkeiten in die Bewertung mit einbezieht.

---

[20] siehe Abb. 10 und 11
[21] siehe Abb. 13, 14, 15

Auf den ersten Blick erinnert mein designtes Produkt durch die Farben, den kastenförmigen Schnitt und die Stoffstruktur sehr an Chanel. Durch die Details, die Assoziationen zu den Trachten hervorrufen, wird die Verknüpfung deutlich. So könnte das Kleidungsstück sowohl auf dem Oktoberfest, als auch auf dem Laufsteg getragen werden.

8 Bilder

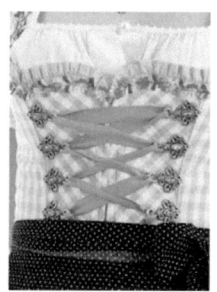

Abb. 1:   Chanel-Kostüm   Abb.2: Mieder

Abb. 3: Vielfalt und Individualität des Dirndls

Abb. 4: Trachtenjacke   Abb. 5: Riegel der Jacke

Abb. 6: Stoffauswahl   Abb. 7: Zuschneidung des Schnittmusters

 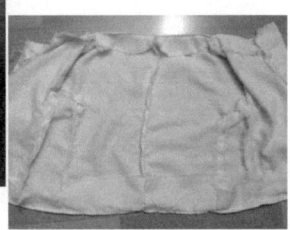

Abb. 8: Stoffzuschneidung   Abb. 9: Annähung der Teile

Abb. 10 und 11: Futter

Abb. 12: fertige Grundjacke   Abb. 13: endgültiges Produkt

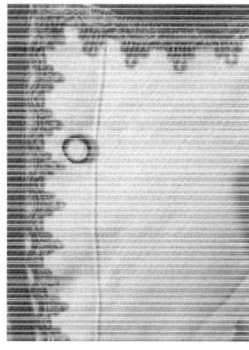

Abb. 14: Nahansicht der Details   Abb. 15: Rückseite der Jacke

9 Literaturverzeichnis

Textquellen:

1. COSGRAVE, BRONWYN: *Vogue on Coco Chanel.* London 2012

2. EBERLE, HANNELORE; DÖLLEL, HANNES; SALO, TUULA; KRIEGSTÖTTER, RALF: *Mode Zeichnen und Entwerfen.* EUROPA-LEHRMITTEL, 2010 (4. Auflage)

3. HOLLMER, HEIDE; HOLLMER, KATHRIN: *Dirndl.* Berlin 2011

4. : *Bayrisch Land, bayrisch Gwand.* Traunstein 1976

5. *Chanel* Reaktion: *Die Farben von Chanel* (keine Veröffentlichungsangaben) URL: http://inside.chanel.com/de/colors-of-chanel/video (Download vom 01.03.2015)

6. *Elle* Redaktion: *Typisch Chanel.* (keine Veröffentlichungsangaben). URL: http://www.elle.de/fashion-erkennen-sie-den-stilcode-von-typisch-chanel-94779.html (Download vom 01.03.2015)

7. *Modeopfer 110* Redaktion: *Modebiografie- Coco Chanel* (keine Veröffentlichungsangaben). URL: http://www.modeopfer110.de/mode-know-how/designerbiografien-modelegenden/biografie-coco-chanel.html (Download vom 01.03.2015)

8. *Oktoberfest.blog* Redaktion: *10 Dinge, die Sie über das Dirndl wissen sollten* (keine Veröffentlichungsangaben) URL: http://oktoberfest.blog.de/2011/09/03/10-dinge-dirndl-wissen-11773478/ (Download vom 01.03.2015)

9. *Herzenswelt* Redaktion: *Definition- Was ist eine bayrische Tracht?* (keine Veröffentlichungsangaben) URL: http://www.schlagerportal.com/herzerlwelt/definition-was-ist-eine-bayrische-tracht-211014 (Download vom 01.03.2015)

10. *Trachtenhit* Redaktion: *Rund ums Dirndl* (10.01.2014) URL: http://www.trachtenhit.com/rund-ums-dirndl/ (Download vom 01.03.2015)

11. *trachten-mode.net* Redaktion: *Trachtenschmuck* (keine Veröffentlichungsangaben) URL: http://www.trachten-mode.net/trachtenschmuck/index.html (Download vom 01.03.2015)

12. *trachten-mode.net* Redaktion: *Dirndl* (keine Veröffentlichungsangaben) URL: http://www.trachten-mode.net/dirndl/index.html (Download vom 01.03.2015)

Bildquellen: 13

1. Abb. 1: http://luxus.welt.de/sites/default/files/styles/giant-teaser/public/img/9828841.jpg_10052094_0.jpg

2. Abb. 2: http://www.jadirndl.com/image/cache/data/DDAF9-3-500x500.jpg

3. Abb. 3: http://www.zeitherrschaft.org/wp-content/uploads/2012/09/Fotolia_24908683_XS_Peter-Atkins.jpg

4. Abb. 4: http://www.rohn-moden.de/out/pictures/generated/product/1/665_665_75/birgit(1).jpg

5. Abb. 5:
http://www.trachteria.de/media/catalog/product/cache/1/image/879x1319/9df78eab33525d08d6e5fb8d27136e95/l/a/landgraf_trachten_janker_gamsfrackl_joppe_blazer_grau_gr_n_miesbacher_tracht_online_trachteria_vorne_2_.jpg

Zuzüglich:

Butterick Schnittmuster B5712